GO!
HAIE SIND

SPORTS
Fly Emirates
Lecker EIS
SPORTS

Freundschaft oder Sieg

GESCHRIEBEN VON
ANDREAS SCHLÜTER
UND IRENE MARGIL

MIT BILDERN
VON
MICHAEL VOGT

KJB

Liebe Leser, liebe Leserinnen,
diese Geschichte ist frei erfunden.
Nichts davon ist wirklich passiert.

Wir danken Zeljko Ristic, ehemaliger Jugendtrainer bei Hertha BSC und heute Streetworker, für seine fachliche Beratung. Er gehört in Berlin zu einem Organisations-Team, das regelmäßig Straßenfußball-Touren veranstaltet.

2. Auflage: Februar 2018

Erschienen bei FISCHER KJB

Umschlaggestaltung: GarstenYoung Marketing, Kommunikation für junge Zielgruppen, unter Verwendung einer Illustration von Michael Vogt

Satz: pagina GmbH, Tübingen

Druck und Bindung: CPI books GmbH, Leck

Printed in Germany

ISBN 978-3-7373-4084-7

INHALT

DIE BESONDERE MODENSCHAU

Pedro streckte den Kopf aus dem Küchenfenster und schaute hinunter auf die Straße. Dort standen Zachi, Max, Mehmet, Tim, Tom und Diego schon bereit.

„Hallo! Ich komme gleich runter!“, rief Pedro.

In letzter Zeit trafen sich einige der Fußball-Haie immer vor dem Training bei Pedro. Von dort gingen sie gemeinsam die restlichen Meter zum Training auf ihrem Bolzplatz, dem Sparri.

Nur zwei Minuten später trat Pedro unten aus der Haustür.

Max’ strahlend weißes Shirt stach hell aus dem bunten Haufen heraus und fiel Pedro sofort ins Auge.

„So sieht das neue Heimtrikot von Real Madrid aus“, erklärte Max. „Das wurde erst vor drei Tagen offiziell bekanntgegeben. Und ich hab’s schon! Cool, oder?“

Max drehte sich vor Pedro wie ein Modell auf dem Laufsteg.

„Sag schon, dass es dir gefällt!“, drängelte Diego. „Sonst lässt er uns nicht in Ruhe!“

„Ist das nicht das Gleiche wie letztes Jahr?“, witzelte Pedro.

„Bist du blind?“ Max hob seine Arme und das Kinn. „Hier der Streifen und hier die Linie am Kragen!“

Die Grundfarbe weiß, das Vereinslogo von Real Madrid mit der goldenen Krone und das große Logo des Sponsors auf der Brust waren tatsächlich unverändert. Max zählte trotzdem jeden noch so kleinen Unterschied zum Trikot der vergangenen Saison auf.

„Wir sind komplett. Lasst uns endlich los und

spielen!“, forderte Mehmet und lief schon mal voraus. Alle folgten.

„Gib zu, Zachi, das sieht super aus, oder?“ Max ließ nicht locker.

„Ischt doch nur Arbeitschkleidung!“, sagte Zachi und winkte lässig ab.

„Arbeitskleidung?“, wiederholte Max entsetzt, blieb stehen und strich über das Logo auf seiner Brust.

Die anderen warteten aber nicht auf ihn.

Max tippelte schnell hinterher.

„Ihr habt ja keine Ahnung!“, schimpfte er und wandte sich an Zachi: „Du könntest auch mal ein neues Shirt vertragen. Deines ist ja schon älter als deine Zahnspange, stimmt’s?“

Alle wussten, dass Zachi den Spuckautomaten am liebsten sofort in den nächsten Mülleimer geworfen hätte. Sein Kieferorthopäde hatte versprochen, dass er das Ding nur ein paar Monate tragen müsse. Das war vor zwei Jahren.

Zachi sah an sich herunter und fuhr zart über den ausgeblichenen gelben Berliner Fernsehturm auf dem verwaschenen grünen Shirt. „Auf dasch lasch ich nichtsch kommen!“

Pedro hatte sich vorsorglich weggedreht, bevor Zachi loszischte. Max reagierte zu spät. Darum musste er sich Zachis Spucke von der Backe wischen.

„Manno, bei dir braucht man einen Taucheranzug“, meckerte er.

„Dafür kann ich nichtsch!“, stellte Zachi klar.

Kurz vor dem Sparri blieben alle plötzlich stehen.

„Was ist da denn los?“, fragte Diego. „Ein Vereinsspiel auf unserem Platz? Habt ihr gesehen, was sie tragen?“

„Klar!“ Max’ Augen glänzten. „Die tragen echte Trikots mit Rückennummern und ihren Namen! Und einheitliche Sporthosen. Und Stutzen mit Schienbeinschützern!“

„Die Knödel. Komplett in Vereinstrikots!“, stellte Pedro staunend fest.

„Straßenkicker kicken in Straßenklamotten!“, beharrte Dimitri, der gerade dazukam. „Was soll das? Wieso tauchen die hier in Vereinsklamotten auf? Unser Sparri ist kein Vereinsplatz!“

„Das sehe ich auch so!“, stimmte Mehmet ihm zu.

Nur Max war anderer Meinung und von den Trikots sehr angetan.

„Das ist erstklassiges Material, sage ich euch!“, behauptete er. „Fast so gut wie mein Real-Trikot!“

„Alter, das ist mir doch egal!“, meckerte Mehmet, ohne den Blick von den Knödeln zu nehmen. In ihrer blauen Ausstattung sahen ihre muskelbepackten Beine, derentwegen die Haie sie auch die Knödel nannten, noch muskulöser aus.

Tim betrachtete stumm sein ausgeleiertes

RONALDO
7
5

rotes T-Shirt, Tom begutachtete sein gelbes. Beide hatten sie vorn und hinten mit schwarzem Filzstift ihre Namen krakelig aufs Shirt geschrieben.

„Ein echtes Trikot wäre gar nicht so schlecht“, gab Tim leise zu.

Auch Pedro bewunderte die Ausstattung der Knödel. Trikots mit Kragen mochte er ganz besonders gern.

Doch laut sagte er: „Sollen die doch anziehen, was sie wollen. Jedenfalls sind wir jetzt mit Spielen dran!“ Selbstbewusst betrat er den Platz.

Die anderen folgten ihm, aber deutlich vorsichtiger.

Sofort stolzierte Ulf auf ihn zu. Breitbeinig baute er sich vor den Haien auf. Doch bevor er etwas sagen konnte, kam Zachi ihm zuvor.

„Neuesch Trikot?“, fragte er. „Da ischt euch aber ein dummer Fehler paschiert!“

Ulf stutzte und sah irritiert an sich herunter. Auf der Vorderseite seines Trikots war das Unternehmenslogo eines großen Getränkemarktes abgebildet, und darunter stand in großen Buchstaben: DER DURSTLÖSCHER!

„Ein Fehler? Was denn für ein Fehler?“

„Euer Name fehlt: Knödel!“, sagte Zachi.

Die Haie lachten laut los. Alle wussten natürlich, dass nur die Haie die Großen so nannten. Nie wären Ulf und seine Mannschaft auf die Idee gekommen, sich selbst als Knödel zu bezeichnen.

„Sehr witzig, du Fischstäbchen!“, konterte Ulf. Dann packte er Zachi an dessen Shirt, schüttelte ihn kräftig durch und zischte: „Niemand nennt mich so, kapiert! Du nicht und auch sonst niemand!“

„Reg dich ab, du Spaßbremse“, ging Diego schlichtend dazwischen. Mit ausgebreiteten Armen hielt er die beiden auf Abstand. „Dein roter Kopf passt nicht zu dem wunderschönen Blau."

„Pah!" Ulf drehte ab und nahm einen Schluck aus einer blauen Trinkflasche.

„Tragt ihr auch blaue Unterhosen?", fragte Dimitri.

Ulf spuckte seine Ladung Wasser vor ihm aus.

Doch dann rief Uhuru, der gerade den Platz betrat, ein fröhliches „Hallo!" dazwischen.

„Hey, Leute!", rief er und dann an Ulf gewandt: „Was macht ihr denn hier? Ist jetzt nicht Haie-Zeit?"

Pedro nickte ihm zu. „Allerdings!"

„Aber die Knödel spielen hier gerade Modenschau. Sie haben neue Trikots in Babyblau. Siehst du?" Dimitri grinste.

„Sag noch mal ‚Knödel', und du erlebst dein blaues Wunder!", warnte Ulf ihn. „Außerdem bestimme immer noch ich, ob und wann wir den Platz freigeben!"

„Ach ja?“ Mehmet nahm Kampfstellung ein.

„Ja!“, wiederholte Ulf.

Mittlerweile hatten sich aber alle anderen aus seiner Mannschaft hinter ihm aufgebaut, fertig zum Gehen. Jeder der Knödel trug lässig eine nagelneue blaue Sporttasche über der Schulter.

„Komm mit“, riet Porky Ulf. „Die stinken doch und sehen in ihren Lumpen aus wie die letzten Penner.“

„Hast recht!“, stimmte Ulf ihm ausnahmsweise mal zu. „Fischstäbchen-Penner!“

Nun lachten die Knödel.

Pedro nahm sich fest vor, sich nicht provozieren zu lassen. Mehmet neben ihm hatte schon die Fäuste geballt. Dimitri und Diego standen bereit, ihm zu helfen.

Zachi hatte ängstlich die Miene verzogen. Max wich vorsichtshalber zwei Schritte zurück. Tim und Tom machten – wie meistens – erst mal gar nichts. Uhuru tippte seinen Ball neben sich auf wie ein Basketballer kurz vor einem Drei-Punkte-Wurf.

„Tschüs, bis zum nächsten Mal!“, sagte Pedro schließlich.

„Abmarsch!“, rief Ulf. Wie eine Armee drehten die Knödel sich gleichzeitig um und marschierten Richtung Ausgang auf die andere Seite.

„Bin ich froh, dass bei uns immer alle mitbestimmen können“, sagte Pedro.

„Aber einheitliche Trikots fände ich trotzdem gut“, warf Max ein.

Auch Diego war dafür. „Das perfekte Trikot für uns müsste auf jeden Fall einen Hai drauf haben. Findest du nicht auch?“

Er stieß Pedro in die Seite.

„Könnte ich mir schon vorstellen“, stimmte Pedro ihm zu.

„Blödsinn! Wir sind Straßenkicker!“, widersprach Dimitri. „Wir brauchen solchen Quatsch nicht.“

SPORTS
Fly Emirates
TIM
DD
DER DURSTLÖSCHER!
DD
DER DURSTLÖSCHER!

Weil die Stimmung durch diese Meinungsverschiedenheit nicht besonders toll war, lief auch das Training nicht gut.

Es plätscherte so dahin, fand Pedro. Ohne dass sich jemand besonders angestrengt hätte. Oder sie geschickte Spielzüge oder raffinierte Freistöße geübt hätten. Irgendwie ein bisschen langweilig. Immerhin hatten sie sich diesmal nicht von den Knödeln vertreiben lassen, sondern pünktlich zu ihrer verabredeten Zeit den Platz für sich eingenommen. Nicht eine Minute später.

Wie meistens nach ihren Trainings, schlenderten die Haie Richtung *Dönerhimmel*. Der Imbiss von Mehmets Vater hatte sich für die Haie zu einer Art „Vereinsheim“ entwickelt.

„Die Trikots könnte uns doch eigentlich dein Vater bezahlen“, schlug Diego Mehmet vor. „Dann machen wir Werbung für den *Dönerhimmel*.“

Mehmet winkte sofort ab. „Für so etwas hat mein Vater kein Geld!"

„Außerdem spendiert er uns doch schon ständig Apfelschorle", ergänzte Pedro.

„Ja, aber trotzdem", murmelte Diego. Ihn ließ der Gedanke nicht los.

Auch, wenn Dimitri noch mal betonte, dass sie seiner Meinung nach keine Mannschaftstrikots brauchten.

Kaum hatten sie den Laden betreten, nutzte Diego gleich die erste Gelegenheit, um Mehmets Vater darauf anzusprechen.

„Trikotwerbung? Kommt für mich nicht in Frage", antwortete Mehmets Vater.

„Hab ich doch gesagt!", flüsterte Mehmet Diego zu.

„Mit Trikots allein ist es ja nicht getan", erklärte Mehmets Vater weiter, während er für einen Kunden Dönerfleisch vom Spieß schnitt.

„Da gehören ja noch Hosen und Stutzen dazu. Vielleicht noch Schienbeinschützer und Schuhe. Am besten noch Trainingsanzüge ... Nee, Jungs. Tut mir leid. Dafür habe ich kein Geld. Oder wollt ihr künftig für einen Döner das Doppelte zahlen?"

„Nein!", riefen die Jungs entsetzt. „Bloß nicht!"

Mehmets Vater füllte das Fleisch in das aufgeschnittene Brot und packte noch verschiedene Salate dazu.

„Na seht ihr!", sagte er, legte gekonnt eine Serviette um die Dönertasche und reichte sie dem Kunden über den Tresen. Der bedankte sich, nahm einen ersten Bissen und verließ den Laden, während Mehmets Vater das abgezählte Kleingeld vom Tresen fischte.

„Außerdem bin ich prinzipiell gegen Trikotwerbung bei Kindern und Jugendlichen", sagte er.

Die Haie sahen sich fragend an.

„Wieso das denn? Was ist an Werbung auf

Trikots so schlimm? Dafür eine tolle neue Ausrüstung zu haben, findet doch jeder gut“, sagte Diego.

„Ihr sagt, die Knödel haben Trikots vom *Durstlöscher*?“, fragte Mehmets Vater.

Die Jungs nickten ihm zu.

„Und woraus haben sie getrunken?“

„Aus blauen Flaschen. Auch vom *Durstlöscher*“, antwortete Max. „Die sahen cool aus.“

„Ist bloß die Frage, ob der Inhalt auch cool war“, erläuterte Mehmets Vater weiter.

„Hä? Wieso denn nicht?“ Max verstand nicht, was er meinte.

„Es könnte nämlich gut sein, dass das plötzlich der Sponsor bestimmt. Du willst Apfelschorle trinken, kriegst aber nur Wasser oder Traubensirup oder sonst was. Weil, wer bezahlt, der bestimmt!“

„Wie bei Ihrer Apfelschorle!“, fiel Zachi ein.

„Wir wollen immer Cola, aber schie geben unsch immer Apfelschorle!“

Mehmets Vater lachte. „So ungefähr. Aber ich gebe euch keine Cola, weil ich weiß, dass Cola mit Zucker und Koffein für Kinder nicht gut ist. Ein Sponsor hat nur seine Werbung im Sinn, dem ist egal, was gut für Kinder ist. Und meist will er auch eine Gegenleistung.“

Kapitel 2

EIN ÜBERRASCHENDES ANGEBOT

Beim nächsten Training fehlte Diego. Keiner wusste, was los war. Bei niemandem hatte Diego sich gemeldet. Da er auf eine andere Schule ging als die meisten Haie, konnten sie ihn auch dort nicht fragen. Selbst Mehmets Anruf blieb unbeantwortet.

Umso mehr freuten sich die Jungs, als er am darauffolgenden Tag wieder pünktlich auf dem Sparri erschien, als wäre nichts gewesen.

Bevor jemand nachfragen konnte, rief Diego ihnen zu: „Ich hab 'ne Überraschung für euch!" Ächzend schleppte er einen Karton und eine Kühltasche mit sich. Beides stellte er vor den Jungs ab.

„Sag nicht, du hast eine neue Sporttasche?“, fragte Dimitri. Mit gerümpfter Nase zeigte er auf die Kühltasche, die in grellem Pink-Pastellviolett leuchtete.

Diego hob feierlich den Deckel ab und holte ein Eis am Stiel raus.

„Greift zu! Das ist für euch. Oder wollt ihr es etwa wegschmelzen lassen?“

„Was ist denn mit dir plötzlich los?“, fragte Max und griff wie alle anderen in die Box.

„Schonscht bischt du doch immer gegen schüsche Schachen?“, wunderte sich Zachi, während er die Eisverpackung öffnete.

Diego stellte sich mit in die Hüften gestützten Armen vor die Haie.

„Da staunt ihr, was? Die Knödel werden sich schön ärgern. Denn jetzt haben wir auch einen Sponsor!“, verkündete er.

„Alter, machst du Witze?“ Mehmet sah fragend in die Runde.

„Was? Wer? Wie?“ Dimitri hörte auf zu schlecken.

„Der Eisfabrikant *Lecker Eis* will uns unter Vertrag nehmen“, verkündete Diego.

„Ach scho, darum dasch Eisch!“, folgerte Zachi.

Diego nickte ihm stolz zu. Und erwartete von den anderen nun wohl tosenden Applaus und Anerkennung.

Stattdessen zog Dimitri die Augenbrauen zusammen.

„Ach, und damit will er uns rumkriegen?“, fragte er mit rotverschmiertem Mund. Er warf sein Eis in hohem Bogen weg. Es landete mitten im Mülleimer wenige Meter entfernt.

„Alter! Wofür brauchen wir Fußball-Haie einen Sponsor?“, fragte Mehmet in die Runde. „Ihr habt meinen Vater doch gehört: Die machen so etwas nie ohne Gegenleistung!“

„Dürfen wir jetztscht immer nur diesches Eisch

eschen?“, fragte Zachi. „Isch mag das dänische nämlich viel lieber! Dasch, wasch Mehmets Mutter manchmal mitbringt!“

„Unsinn!“, wehrte Diego verärgert ab. „*Lecker Eis* stellt eine komplette Ausstattung. Also Trikots, Hosen, Stutzen, Schienbeinschoner, Fußballschuhe. Außerdem Trainingsjacken zum Aufwärmen und Armlinge und Beinlinge für den Winter. Dazu noch Trinkflaschen und Sporttaschen. Für alle!“

„Wieso wollen die ausgerechnet uns unterstützen?“, fragte Mehmet. „Die kennen uns doch gar nicht!“

„Was denkst du, warum ich im letzten Training gefehlt habe?“, fragte Diego. „Ich habe den ganzen Nachmittag herumtelefoniert. Vergeblich. Nur *Lecker Eis* hat sofort angebissen!“

„Ach ja?“, hakte Dimitri gereizt nach. „Und was genau müssen wir nun dafür tun?“

„Die Ausrüstung benutzen und uns ein paar

mal bei Presseterminen fotografieren lassen", erklärte Diego.

Tim und Tom sahen sich an. Beide fanden das in Ordnung. Sie hatten ihr Eis aufgeschleckt und legten die blanken Stiele zurück in die Kühlbox.

„Kriegen wir denn auch einen Hai aufs Trikot?", wollte Max wissen.

Doch Mehmet bremste ihn sofort. „Es ist überhaupt noch nicht entschieden, dass wir uns bezahlen lassen!"

„Wieso nicht?", wandte Uhuru ein. „Dann kennt uns jeder hier im Stadtteil, und wir werden berühmt. Ist doch super!"

„Spinner!", winkte Mehmet ab. „Dich kennt sowieso jeder, weil du nie pünktlich bist!"

Uhuru ignorierte Mehmets Bemerkung und forderte: „Na los, zeig endlich, was in dem Karton ist!"

Diego kniete sich hin und öffnete ihn. Dann zog er einen kompletten Satz, bestehend aus

Trikot, Jacke, Hose, Stutzen und Strümpfen, heraus und überreichte ihn Uhuru. Dazu noch eine zusammengefaltete Sporttasche und eine Trinkflasche. Alles in den Farben des Firmenlogos: Pink und Pastellviolett.

„Den Rest können wir uns im Büro abholen", verkündete Diego.

Uhuru griff begierig zu, während Dimitri erneut die Nase rümpfte: „Leute, seht euch mal die Farben an! Niemals geh ich damit auf den Platz!"

Wieder sprang ihm Mehmet bei: „Alter! Wir laufen in Mädchenklamotten rum, nur damit der Sponsor noch reicher wird?"

Tim und Tom schienen unentschieden zu sein. Und Zachi fragte: „Gibt'sch auch Torwarthandschuhe?"

Diego nickte und holte ein Paar aus dem Karton, die nur einen zarten rosa Streifen auf weißem Untergrund aufwiesen.

Lecker
Lecker EIS

„Schuper!“, freute sich Zachi.

Doch Dimitri und Mehmet waren nicht umzustimmen.

„Wir spielen nicht in Rosa!“, stellten sie klar.

„Das ist Pink!“, korrigierte Diego. Und ergänzte: „Außerdem gibt es für jeden von uns eine Prämie. Dreißig Euro pro Spieler für jeden Sieg!“

Mehmet hatte sein Eis zum Glück schon aufgegessen, sonst wäre es ihm glatt aus der Hand gefallen vor Überraschung. „Dreißig Euro?“, wiederholte er langsam.

Uhuru machte große Augen.

„Mit Fußball Geld verdienen? Echt?“ Pedro dachte an seinen brasilianischen Großvater, der eine Zeitlang als Profi gespielt hatte. Nichts wünschte Pedro sich sehnlicher: reich werden mit Fußballspielen!

Einige der Jungs bekamen gerade mal fünfzehn Euro Taschengeld pro Monat. Und selbst der „Großverdiener“ unter ihnen, Max, bekam keine dreißig Euro.

„Vier Siege im Monat und wir haben jeder 120 Euro!“, schwärmte Uhuru. „Das ist mehr als ein volles Monatsgehalt eines Erwachsenen bei uns zu Hause in Ghana!“

Mehmet wischte ihm mit der flachen Hand über den Hinterkopf. „Vier Siege pro Monat. Wovon träumst du nachts, du Spinner? Wir machen im Moment vielleicht fünf bis sechs richtige Spiele pro Jahr!“

„Trotzschdem!“, sagte Zachi. „Uhuru hat recht. Dreißig Euro schind ’ne Menge Geld!“

„Ich wette, die Knödel brennen nur darauf, in ihren neuen Trikots gegen uns anzutreten“, überlegte Tom laut. „Da könnten wir uns die ersten dreißig Euro verdienen!“

Für einen kurzen Moment kehrte Ruhe ein unter den Jungs. Alle blickten gespannt zu Dimitri und Mehmet.

Dimitri sah auf Zehenspitzen über Tims Schulter, der die Schuhe inspizierte.

„Super Material, super Verarbeitung", stellte Tim nüchtern fest und brach damit das gespannte Schweigen.

„Auch das Trikot, echt gute Qualität", fügte Tom an.

„Also, dann holen wir uns die Sachen bei *Lecker Eis* ab?", fragte Diego.

Er wusste: Alle waren dafür – bis auf Mehmet und Dimitri. Doch die beiden äußerten sich noch immer nicht.

„Dann stimmen wir jetzt ab", schlug Uhuru vor.

„Das ist gemein", protestierte Dimitri. „Ist doch klar, wie das ausgeht."

„Müssten wir uns bei so was nicht alle einig sein?", fragte Pedro in die Runde.

„Und was ist mit Bobby?", wandte Zachi ein. Bobby befand sich gerade auf einer Klassenreise.

„Der ist bestimmt auch dagegen!“, behauptete Mehmet schnell. „Der mag kein Rosa!“

„Das ist Pink!“, widersprach Diego erneut. „So wie das Sieger-Radtrikot beim Giro d’Italia!“

„Am besten wäre, wenn wir alle einstimmig dafür sind, oder wir lassen das!“, wiederholte Pedro seine Meinung. Dann wandte er sich an die beiden Gegner: „Was könnte euch denn umstimmen?“

„Wir suchen die Farbe aus, und der macht sein Logo nur klein drauf!“, kam es aus Mehmet geschossen.

„Geld bei jedem Einsatz, ob mit oder ohne Sieg! Wir geben doch sowieso immer unser Bestes!“, forderte Dimitri.

„Aber die Ausstattung ist schon einiges wert!“, gab Pedro zu bedenken.

Doch Mehmet und Dimitri reichte das nicht.

„Okay. Dann spielen wir fürs Erste mit diesen Trikots. Alles andere besprechen wir mit *Lecker*

Eis später. Okay?", versuchte Diego die Debatte zu beenden. „Aber erst mal holen wir uns die Sachen morgen um drei ab, und damit geht's dann direkt zu einem Spiel gegen die Knödel."

„Wieso plusterst du dich plötzlich so auf?", fragte Dimitri.

„Diego ist jetzt wohl Mitarbeiter bei *Lecker Eis*!", unterstützte Mehmet ihn.

Auch Pedro fiel Diegos schroffer und bestimmender Tonfall auf. Er bezweifelte, dass sich der Eisfabrikant auf Mehmets und Dimitris Forderungen einlassen würde.

Trotzdem stimmten Dimitri und Mehmet überraschend zu.

Pedro kümmerte sich darum, einen Spieltermin mit den Knödeln auszumachen.

Dann trafen sich alle, auch Bobby, zwei Tage später, um zusammen eine halbe Stunde mit der S-Bahn von Berlin-Wedding nach Moabit zur kleinen Eisfabrik zu fahren. Dort wurden sie in einen Lagerraum geführt, in dem ihre Kartons schon bereitstanden.

Diego übergab mit Hilfe einer Liste zuerst Max seine Ausstattung. Währenddessen holten sich Uhuru, Bobby und Zachi selbst ihre Größen raus. Innerhalb von Sekunden entstand ein riesiges Durcheinander in Pink und Pastellviolett. Alle suchten nach ihren Größen, einzelne Teile wurden hin und her getauscht. Stutzen und Schienbeinschoner flogen durch die Luft. Ein linker Schuh fehlte, eine Trikotnaht platzte.

„Alter, das soll gute Qualität sein?“, schimpfte Mehmet im Hintergrund. „Und was ist mit unseren Forderungen?“

Diego antwortete nicht, sondern legte seine Listen frustriert zur Seite. Mit den übriggebliebenen Teilen stellte er seine eigene Ausstattung zusammen.

„Seid ihr endlich so weit?“, fragte ein Mann mit Kamera in der Hand.

Pedro hatte ihn nicht kommen hören.

„Klaro!“, antwortete Diego.

„Wozu? Wofür?“, fragte Mehmet.

„Für die Gruppenaufnahme! Kommt jetzt alle nach draußen!“, rief der Fotograf und ging voraus zum Firmenparkplatz.

Ein zweiter Mann, der in etwa so alt war wie Mehmets Vater, lief eilig über den Platz und stellte sich vor die Jungs. „Ich bin der Chef hier, Helme Heinrich. Ihr könnt mich Helme nennen, okay? Und wer seid ihr?“

Diego stellte seine Freunde einzeln vor, bis er als Letztes bei Zachi landete. „Und hier ist unser Torhüter Zacharias."

„Spinnscht du?" Zachi zeigte Diego einen Vogel. Diego wusste, wie sehr er es hasste, wenn er mit seinem vollständigen Namen angesprochen wurde.

„Schie können mich Tschachi nennen!", sagte Zachi.

„Okay, danke, Tschachi", entgegnete Herr Heinrich grinsend.

„Zachi!", korrigierte Diego sofort.

Zachi lief vor Wut rot an.

„Okay", sagte Herr Heinrich und gab allen die Hand, wobei er mit erstarrtem Lächeln zur Kamera sah. Als Pedro dran war, Herrn Heinrich die Hand zu schütteln, fühlte er sich für einen Moment wie in einem Traum: Pedro, der Fußballprofi im Blitzlichtgewitter, von Fotografen umzingelt.

Dann postierte der Fotograf alle vor einem riesigen Logo an der Hauswand. Helme Heinrich stellte sich in die Mitte.

„So ein Foto müssen wir doch auf unserem Sparri machen“, wandte Mehmet ein, der sich nur widerwillig zur Gruppe dazustellte.

„Keine Sorge, das holen wir nach“, versprach Herr Heinrich.

Seine Ankündigung wurde früher eingelöst, als den Haien lieb war. Nämlich schon bei ihrem nächsten Spiel gegen die Knödel.

SPIEL UM DIE SIEGPRÄMIE

Als Pedro Ulf ein Spiel vorgeschlagen hatte, hatte der sofort zugesagt und gleich den nächsten Samstag als Termin genannt. Offenbar brannten die Knödel darauf, ihre neuen Trikots in einem richtigen Spiel vorzuführen. Mehmet hatte allerdings vermutet, dass auch die Knödel von ihrem neuen Sponsor mit Siegprämien gelockt wurden und deshalb so schnell wie möglich spielen wollten.

Als die Haie am Samstagnachmittag am Sparri ankamen, waren die Knödel bereits komplett anwesend und spielten sich in ihren nagelneuen, dunkelblauen Trainingsjacken warm. Pedro musste zugeben, sie sahen toll aus. Was die

Haie von ihren eigenen Trikots nicht so sehr behaupten konnten, fand Pedro.

Er sah an sich herunter und betrachtete dann seine Freunde. So richtig konnte er sich an die rosa Trainingsjacken nicht gewöhnen.

Zu allem Überfluss waren nicht nur die Knödel schon auf dem Platz, sondern auch der Fotograf ihres neuen Sponsors.

„Hallo!“, grüßte er die Jungs und begann ohne Umschweife mit seinen Anweisungen.

„Bevor eure Trikots verschwitzt und schmutzig aussehen, stellt euch mal alle dort rüber!“, befahl er und winkte die Haie vor das Tor.

Mehmet und Dimitri, die sich eigentlich erst mal warm spielen wollten, schlurften mit den anderen zur angezeigten Stelle.

Von der gegenüberliegenden Spielfeldhälfte aus beobachteten die Knödel belustigt, wie der Fotograf die Haie zusammenschob.

„Seht euch die an!“, feixte Ulf laut. „Vermutlich

heißen sie jetzt nicht mehr Haie, sondern Flamingos!“

Porky äffte sofort einen Flamingo nach, indem er sich auf ein Bein stellte und die Arme wie Flügel schlug. Die anderen Knödel bogen sich vor Lachen und hielten sich übertrieben theatralisch die Bäuche. Ihr Gelächter schallte laut über den Platz.

„Am besten ihr macht noch ein rosa Schleifchen ins Haar!“, rief Ulf zu den Haien hinüber.

„Spielt ihr auch gleich in Ballettschühchen?“, ergänzte Porky.

Die Mienen von Dimitri und Mehmet verfinsterten sich immer mehr.

„Wir machen uns hier voll zum Affen!“, schimpfte Mehmet.

Die Knödel rückten noch näher zusammen.

„Können wir nicht in unseren normalen Klamotten spielen?“, fragte jetzt sogar Max.

Doch Diego winkte ab. „Denkt an unsere Abmachung mit dem Sponsor!“

„Pfft!“, machte Mehmet verächtlich.

„Und an die Siegprämie!“, erinnerte Uhuru.

Doch was, wenn wir nicht gewinnen?, fragte sich Pedro innerlich. Nein! Ihm wurde in diesem Moment völlig klar: Sie durften dieses Spiel unter keinen Umständen verlieren. Die Erniedrigung wäre zu groß. Gleich mussten sie Höchstleistung zeigen. Nur so gab es eine Chance, gegen die Knödel zu bestehen und die Schmach abzuwenden.

Der Fotograf hatte seine Bilder im Kasten. Pedro versammelte seine Freunde in einem Verschwörungskreis.

„Die Knödel lachen uns gerade aus und nehmen uns nicht mehr ernst: Das ist unsere Chance. Wir geben unser Bestes und machen sie fertig!“, rief Pedro ihnen mit geballter Faust entschlossen zu.

„Wir geben unser Bestes!“, wiederholten die Haie.

„Auscherdem“, ergänzte Zachi, „je mehr wir kämpfen, deschto schmutziger werden die Trikosch. Und deschto weniger schieht man das Roscha!“

„Pink!“, korrigierte Diego genervt.

„Wir geben unser Bestes!“, riefen alle noch mal.

Und dann begann das Spiel, obwohl die Haie keine Gelegenheit hatten, sich warm zu spielen.

Aber die Haie hielten Wort. Alle waren mit vollem Einsatz dabei. Besonders Mehmet und Dimitri nutzten jede Gelegenheit zum Grätschen, um ihre Trikots möglichst schnell schmutzig zu machen. So erreichten sie tolle Zweikampfwerte.

Kurz vor der Halbzeitpause stand es 3:3.

Pedro war sehr zufrieden. Denn nicht nur das Ergebnis, sondern auch das Spiel war durchaus ausgeglichen. Sie hatten an diesem Tag alle

Chancen auf einen Sieg gegen die größeren, schnelleren und kräftigeren Knödel.

Die Haie waren wendiger, aber im Sprint hatten sie keine Chance gegen die Großen. Im Passspiel waren sie flinker als die Knödel und auch ballsicherer.

Doch plötzlich, mitten in einem tollen Angriff, den Pedro mit Max einleitete, begann Max zu humpeln und verlor den Ball.

Das nutzte Ulf sofort gnadenlos aus. Pfeilschnell leitete er den Konter ein. Zachi hatte keine Chance, als ihm der Ball von einem der größten Knödel mit voller Wucht unter die Latte genagelt wurde. 4:3 für die Knödel.

Die Haie waren durch diesen Gegentreffer so sehr überrumpelt worden, dass sie direkt erneut den Ball verloren und das 3:5 hinnehmen mussten.

„Das darf doch wohl nicht wahr sein!“, schimpfte Mehmet in der Halbzeit. Vom Rosa

seines Trikots war wirklich kaum noch etwas zu sehen.

Auch Dimitri war stocksauer über die beiden blöden, vermeidbaren Ballverluste durch Max.

„Pennst du?“, schnauzte er den kleinen Max an.

Der humpelte still und bedröppelt als Letzter vom Platz.

„Hast du was an deinem Fuß?“, fragte Pedro besorgt.

„Tut höllisch weh“, gestand Max. Er setzte sich an den Spielfeldrand, zog seinen rechten Schuh aus, entfernte den Schienbeinschützer, schob den Stutzen hoch und zog die Socke aus.

Jeder konnte nun sehen, woher die Schmerzen kamen.

Eine große, blutige, aufgeplatzte Blase erstreckte sich über die halbe Ferse.

„Ihhh!“, machte Zachi.

„Wir hatten ja keine Zeit, die neuen Schuhe einzulaufen!“, klagte Max. „Der rechte Schuh scheuert die ganze Zeit an meiner Hacke.“

„Warum hast du dich nicht ausgewechselt?“, fragte Diego. „Tim und Bobby stehen doch bereit!“

„Ich wollte unbedingt bis zur Pause mithelfen!“, murmelte Max. „Das war keine gute Idee, ich weiß.“

Diego schüttelte den Kopf.

Mehmet und Dimitri sahen genervt zum Himmel.

Erst recht, als auch noch Tom anfing: „Ehrlich gesagt, in meinen alten Schuhen fühle ich mich auch wohler.“

„Willst du behaupten, dass dir deswegen jeder zweite Ball verspringt?“, fragte Dimitri.

„Och Mensch, Leute!“, beschwerte sich Uhuru. „Wir haben die Schuhe vor zwei Tagen bekommen. Da hättet ihr sie ja wohl gut ausprobieren können. Also meine Schuhe passen prima!“

„Nee, gestern waren wir bei meiner Oma. Da konnte ich die Schuhe nicht ausprobieren!“, verteidigte sich Max.

Jeder trank noch einen kräftigen Schluck. Dann war die Halbzeitpause auch schon wieder vorbei.

Tim ging für Max rein. Und Bobby wechselte mit Tom. Aber das machte die Sache nicht besser. Zwar hatten die beiden keine Probleme mit ihren neuen Schuhen, aber die Haie hatten keinen guten Spielfluss mehr.

Auch die Knödel hatten umgestellt. Ulf übernahm jetzt das zentrale Mittelfeld und war an diesem Tag besonders gut drauf. Während die Haie sich in ihren rosa Trikots äußerst unwohl fühlten, führte Ulf sich in seinem neuen Dress wie Superman auf und spielte auch so. Jeder seiner Pässe kam an. Er lief, kämpfte und riss mehr und mehr das ganze Spiel an sich.

Lecker EIS
Lecker EIS

Am Ende schlichen die Haie geschlagen vom Platz – mit 5:10.

„Wir sehen uns im Kampf um die Kiezmeisterschaft wieder!“, rief Ulf den Haien vergnügt hinterher und stolzierte mit seinen Jungs vom Sparri.

Dimitri zog das Trikot übers Gesicht und warf es zu Boden. „Von wegen Siegprämie! Das haben wir jetzt davon. Nichts, gar nichts! Nur voll die Niederlage!“

„Das nächste Mal gewinnen wir, bestimmt!“, beteuerte Diego.

„Pah! Wie kommst du denn darauf?“, schimpfte Mehmet.

Alle schwiegen – sauer, erschöpft und mit hängenden Köpfen. Enttäuscht von der abgelieferten Leistung.

Plötzlich tauchte Helme Heinrich bei den Jungs auf.

„Kopf hoch!“, versuchte er die Haie

aufzumuntern. „Das kriegen wir schon in den Griff. Bereits morgen beim Benefizspiel gegen die Berliner Kids könnt ihr zeigen, was ihr draufhabt."

Pedro sah ihn fragend an. „Morgen?" Sein Blick wechselte zu Diego.

„Wollte ich euch gerade sagen", versicherte Diego schnell.

„Berliner Kids? Wer ist das denn?", unterbrach ihn Dimitri.

„Werdet ihr schon sehen!", antwortete Herr Heinrich freundlich und unverbindlich.

„Diego erzählt euch alles, was ihr wissen müsst. Und denkt dran, überpünktlich zu sein. Denn davor gibt es noch einen Fototermin für die Unternehmenszeitung! Bis morgen dann."

Und schon ließ Herr Heinrich die verdutzten Haie zurück.

„Wieso spielen wir morgen?", fragte Mehmet. „Was soll der Scheiß?"

Doch Uhuru sah darin auch etwas Gutes: „Dann können wir uns morgen die verpasste Prämie holen!"

„O Mann!", schimpfte Dimitri. „Hör doch mal auf mit deiner Prämie!"

„Dreißig Euro!", schleuderte Uhuru ihm entgegen. „Für mich ist das eine Menge Geld!"

„Du hattest angekündigt, dass es *ein paar* Pressetermine geben wird", übernahm Tom jetzt das Wort. Und das wollte etwas heißen. Denn Tim und Tom sagten höchst selten etwas. „Aber irgendwie scheint es doch mehr zu werden. Ich schlage vor, das Spiel gegen diese Berliner Kids und den Fototermin noch zu machen. Danach ist aber Sense!"

Diego zuckte mit den Schultern.

„Einverstanden!", rief Pedro schnell. Er mochte keinen Streit unter den Haien.

„Oder steht etwa noch mehr auf dem Plan?", hakte Tim nach.

Diego nickte mit eingezogenem Kopf. „Eine Tombola auf dem Wochenmarkt."

Mehmet seufzte. Und Dimitri stöhnte.

„Und ein Wohltätigkeits-Torwandschießen und Dreharbeiten zu einem TV- Werbespot für ein neues Sport-Eis!"

„TV-Werbeschpot hört schich intereschant an", kommentierte Zachi.

„Auf dem Wochenmarkt brauchen ja nicht alle dabei zu sein", beschwichtigte Diego.

Doch Mehmet blieb sauer. „Das hilft uns nicht! Wir müssen alle gemeinsam trainieren! Und zwar wie immer am Sonntagnachmittag. Jetzt haben wir da dieses bescheuerte Benefizspiel."

„Für einen guten Zweck!", beteuerte Diego.

„Ach ja?", fragte Dimitri. „Für welchen denn?"

Aber das wusste Diego leider auch nicht.

VERSTÄRKUNG FÜR DIE HAIE

Am nächsten Tag fand das Spiel gegen die Berliner Kids statt. Als die Haie auf der Spielwiese neben dem Fabrikgelände ankamen, schlug sich Zachi mit der flachen Hand an die Stirn. „Wasch ischt denn hier losch?“

Sie hatten erwartet, neben der alten Fabrik, zu der Herr Heinrich sie gelotst hatte, auf einem Bolzplatz zu spielen. Stattdessen fanden sie eine Art Kirmes auf einem Feldacker vor.

Die Berliner Kids spielten sich statt mit einem Fußball mit bunten Luftballons warm, die sie vor sich herfliegen ließen. Kein Spieler war älter als sechs, schätzte Pedro. Eine reine Kindergarten-Mannschaft also.

„Alter, was sollen wir hier?“, fragte Mehmet.

„Und wegen denen lassen wir unser Training ausfallen?“ Max schüttelte den Kopf.

„Leute! Wenn die Knödel uns nicht ernst nehmen, weil wir zu klein sind, schimpfen wir. Aber ihr ...!“, sagte Diego.

„Hallo? Das ist ja wohl etwas anderes“, blaffte Dimitri ihn an.

In dem Moment sank ein Luftballon direkt auf Pedros Kopf. Ein Berliner Kid kam sofort angerannt, entschuldigte sich und betrachtete Pedro von Kopf bis Fuß.

„Bekommen wir auch so eine tolle Ausrüstung, wenn wir gewinnen?“

„Gewinnen?“, fuhr Mehmet ihn an.

„Tragt ihr nicht noch Windeln?“, fragte Dimitri. „Von mir aus kannst du unsere rosa Trikots gern haben!“

Pedro sagte nichts und gab dem Kleinen seinen Luftballon.

„Kommt, wir gehen!“, schlug Mehmet vor.

Doch Uhuru widersprach ihm heftig. „Gehen? So leicht haben wir noch nie dreißig Euro verdient. Jeder!“

Mehmet überlegte einen Moment. „Na schön!“, murrte er schließlich. Das Geld war wirklich verlockend. Ganz anders als das Spiel. Die Haie gewannen 18:0. Das war wirklich nicht das, was Pedro und die anderen Haie unter Spaß am Fußball verstanden.

Nicht einmal, als Herr Heinrich den Jungs die Siegprämie auszahlte, wollte richtig Freude aufkommen.

„So leicht wird es im Spiel gegen die Savignys natürlich nicht!“, stellte Diego klar. „Heute war ein Benefizspiel, okay. Aber gegen die Savignys zählen die Punkte um die Berliner Bolzplatzmeisterschaft.“

„Die wir natürlich gewinnen wollen“, stellte Herr Heinrich klar.

Die Haie sahen sich erstaunt an.

„Gewinnen?“, fragte Pedro vorsichtig nach. „Die haben wir noch nie gewonnen. Selbst wenn wir einzelne Spiele gegen die Knödel und Savignys gewinnen – die Meisterschaft ist eine viel größere Nummer.“

„Jetzt habt ihr ja uns.“ Herr Heinrich lächelte die Jungs siegessicher an.

„Aber nicht, wenn wir keine Zeit mehr fürs Training haben, weil wir uns mit solchem Kinderkram beschäftigen müssen“, rief Dimitri.

„Dafür werdet ihr künftig mehr rotieren können“, sagte Herr Heinrich, hob die Hand zur Verabschiedung – und ging.

Er ließ ratlose Haie zurück.

„Rotieren?“, wiederholte Zachi langsam. „Wasch meint er denn damit?“

Alle Augen richteten sich auf Diego.

Der zuckte schnell mit den Schultern. „Alles weiß ich auch nicht, Leute!“

Was Herr Heinrich damit meinte, erfuhren die Haie schon beim nächsten Training.

Am Dienstag, pünktlich um 16 Uhr, stand ihnen der Sparri zur Verfügung. Und alle kamen. Nur Uhuru kam wie immer zu spät. Und Bobby war auf einem Familienfest.

„Also, Leute! Die Niederlage gegen die Knödel müssen wir abhaken. Neues Spiel, neue Chance! Am Samstag schlagen wir die Savignys. Dazu sollten wir heute besonders viel schnelles Passspiel üben", sagte Pedro.

Seine Ansage wirkte. Keiner verlor mehr ein Wort über die Klatsche gegen die Knödel. Sie wollten gerade mit Feuereifer das Training beginnen, als plötzlich ein Pfiff über den Platz schrillte.

Zuerst dachte Pedro an Ulf, doch dann sah er Helme Heinrich auf sie zukommen. Drei Jungs, die deutlich älter waren als die Haie, folgten ihm in kompletter rosafarbener *Lecker-Eis*-Montur.

Lecker
EIS
Lecker
EIS

Mehmet verzog das Gesicht. „Was will der denn hier?"

„Und wer sind die Typen hinter ihm?", fragte Uhuru, der gerade eingetroffen war.

„Sind das nicht zwei von den Savignys?", vermutete Pedro.

Diego nickte. „Und der Dritte kommt aus Neukölln, oder?"

Bei den Haien angekommen, schob Helme Heinrich die drei vor sich, um sie den Haien vorzustellen: „Sven, Tonio und Marek. Die spielen jetzt bei euch mit. Die perfekte Verstärkung: Sven als Abwehrchef, Tonio als Lenker und Denker in der Zentrale und Marek vorn in der Spitze. Ein echter Torjäger, sage ich euch."

Die drei nickten den Haien zur Begrüßung zu.

„Äh ...", stotterte Pedro.

„Im zentralen Mittelfeld?", fragte Dimitri. „Da spiele ich!"

„Ja.“ Helme Heinrich nickte ihm zu. „Künftig aber nur als Ergänzungsspieler. Das gilt auch für dich.“ Helme Heinrich zeigte auf Max. „Die drei bringen bessere körperliche Voraussetzungen mit.“

Max war blass geworden. Bisher galt er als der schnellste und dribbelstärkste Stürmer. „Und Bobby ist ja sowieso nicht da, wie ich sehe.“

„Der ischt heute bei scheiner Oma“, erklärte Zachi.

„Na, da kann er dann auch bleiben“, lachte Herr Heinrich. „Ihr habt ja jetzt Sven.“

Die Haie standen starr und fassungslos da. Nicht einmal Diego wusste, was er noch sagen sollte.

Jeder begriff jetzt, was Heinrich mit „Rotation“ gemeint hatte: Max, Dimitri und Bobby waren draußen!

Herr Heinrich ging. Die Haie sahen ihm nach, bis er verschwunden war.

Mehmet legte seinen Arm um Dimitri und Max. „Wir lassen euch nicht hängen. So viel steht fest!"

„Überleg doch mal, Mehmet", Diego ging auf ihn zu. „Mit den drei Neuen besiegen wir die Savignys, bekommen unsere Siegprämie und erreichen vermutlich das Entscheidungsspiel gegen die Knödel in der Kiezmeisterschaft! Und das bedeutet, wir dürfen um die Berliner Meisterschaft mitspielen."

Mehmet warf ihm nur einen bösen Blick zu.

Uhuru sprang Diego bei. „Ich finde, ein Versuch kann nicht schaden. Bei Rotation bekommt ihr doch bald wieder eine Chance!"

„Häää?" Mehmet fasste sich an den Kopf. „Das glaubst du doch selbst nicht!"

„Wegen ein paar Euros, wegen der Kiezmeisterschaft und irgendwelchen behämmerten Werbeaufnahmen sollen einfach ein paar von uns nicht mehr spielen dürfen?", ergriff nun auch Pedro Partei für Mehmet.

Lecker EIS
Lecker EIS
Lecker EIS
Lecker EIS
8

„Ist doch nicht für immer", sagte Diego.

„Jetzt langt's mir. Das war's! Schluss! Aus! Ende!" Max zog sein *Lecker-Eis*-Trikot im Weggehen aus und schleuderte es zu Boden. In seinem Real-Trikot, das er drunter getragen hatte, stampfte er vom Platz.

„Ich komm mit dir!", rief Juan Max hinterher und lief los.

„Heinrich macht die Haie kaputt, so ist es", stellte Mehmet fest.

Diego fand, sie würden total übertreiben. „Was gibt es denn wegen einer Verstärkung der Mannschaft zu meckern?"

„Was wäre gewesen, wenn Herr Heinrich dich aus der Mannschaft geworfen hätte?", fragte Pedro.

Diego schaute ihn mit Unverständnis an. „Mich? Ich bin einer der Besten von uns."

„Ach ja?" Mehmet stellte sich direkt vor ihn. „Und wenn Herr Heinrich das anders sieht?"

„In jeder Spitzenmannschaft gibt es Konkurrenz“, erwiderte Diego. „Da muss man sich eben durchsetzen. Aber wenn man wegläuft wie Max und Juan, geht das natürlich nicht.“

„Wenn wir gegen die Savignys gewinnen wollen, müssen wir trainieren“, stimmte Uhuru ihm zu. „Und zwar jetzt. Zusammen mit den Neuen!“

Die drei standen ratlos da.

„Was ist denn jetzt?“, fragte Marek.

„Ich verstehe auch nichts“, antwortete ihm Tonio.

„Trainieren wir nun oder nicht?“ Sven balancierte einen Ball auf seinem rechten Fuß.

Pedro stampfte wütend auf den Boden und holte tief Luft.

„Habt ihr denn vergessen, was es bedeutet, ein Fußball-Hai zu sein?“

„Welche Fußball-Haie?“, fragte Dimitri. „Wir sind Eisverkäufer. Lebendige Werbeplakate!

Mit einem Trainer, der uns neue Spieler vor die Nase setzt, neue Eisverkäufer. Einfach so. Ob wir wollen oder nicht. Von wegen Fußball-Haie!“

Ohne ein weiteres Wort zog er ab und verließ den Platz.

„Quatsch! Wir sind eine Mannschaft, die immer besser werden will. Jetzt werden wir besser!“, sagte Diego.

„Mannschaft?“, brachte sich jetzt auch Tim ein. „Es sieht nicht mehr aus wie eine Mannschaft.“

„Nur weil unser neuer Trainer ...?“, wollte Uhuru einwenden.

Doch Tim fuhr ihm über den Mund.

„Trainer? Herr Heinrich ist nicht unser Trainer. Das ist ein Manager der Eisfabrik. Von Fußball versteht der gar nichts!“

Mehmet nickte zustimmend. „Bisher haben wir immer allein bestimmt, wer zu uns gehört!“

„Das ist voll amateurhaft!“, schimpfte Diego.

„Pah. Macht euren Scheiß doch allein!“ Auch Mehmet verließ den Platz. Tim und Tom folgten.

Nun standen nur noch Pedro, Diego und Uhuru da. Und Zachi, der entsetzt vor sich hin starrte.

Und die drei Neuen natürlich. Marek, Tonio und Sven sahen Pedro fragend an.

„Wieso haut ihr alle ab? Wollt ihr nicht siegen?“, fragte Marek.

„Was geht euch das an?“, blaffte Pedro ihn an und ging ebenfalls.

DIE KRISENSITZUNG

Abends lag Pedro lange wach. Die Jungs hatten keine neue Verabredung zum Training, noch nicht einmal zu einem Treffen im *Dönerhimmel*. Sonst trennten sie sich niemals, ohne zu wissen, wann sie alle wieder zusammenkamen. Diesmal war nichts klar.

Fest stand nur das Spiel gegen die Savignys. Aber nicht einmal da war Pedro sich jetzt sicher, ob die anderen kommen und antreten würden. Hatten Mehmet, Dimitri, Juan, Max, Tim und Tom die Haie verlassen? Oder nicht? Gehörten die drei Neuen jetzt zu den Haien? Oder doch nicht? Pedro wusste überhaupt nichts mehr.

Unter diesen Voraussetzungen war das

Spiel selbst schon gar nicht mehr wichtig. Genauso die Kiezmeisterschaft. Nicht mal die Berliner Meisterschaft interessierte ihn. Oder die drohende neue Vorherrschaft der Knödel auf dem Sparri.

Aber seine Haie, seine Freunde! Seine besten, ja, seine einzigen Freunde! Jeder für sich ein ganz besonderer Freund, mit dem er schon viel erlebt hatte. Ob Mehmet mit seiner ungestümen Art oder Zachi, der immer zu ihm hielt. Der zurückhaltende Juan. Mit jedem fühlte sich Pedro verbunden. Und nun? Zogen sie nicht mehr an einem Strang gegen fiese Angriffe der Knödel und andere Gemeinheiten von den Großen?

Genug Spieler wären sie, um gegen die Savignys anzutreten. Er, Zachi, Diego, Uhuru und die drei Neuen. Aber das war für Pedro keine Lösung. Es durfte nicht sein, dass die Haie auseinanderfielen.

Pedro wälzte sich von einer Seite zur anderen.

Es musste eine andere Lösung geben. Zwei Worte klangen plötzlich leise in seinem Kopf, als sein Blick auf sein Boateng-Plakat fiel: Niemals aufgeben!

Wir müssen alle zusammen zu Herrn Heinrich gehen!, überlegte sich Pedro. Ihm die Zusammenarbeit aufkündigen!

Mehmet hatte recht: Herr Heinrich zerstörte die Haie. Und er hielt sich nicht an die Absprachen. Sie hatten nicht voraussehen können, dass *Lecker Eis* sie so sehr in Besitz nehmen würde. Niemals hätte er zugestimmt, wenn er geahnt hätte, wohin das die Haie bringen würde. Den anderen ging es bestimmt genauso! Außer vielleicht Uhuru, dem die Siegprämie so viel bedeutete. Und Diego, dem vermutlich einfach nur peinlich war, zuzugeben, dass er ihnen diese ganzen Probleme eingebrockt hatte.

***

FU
BALL
HAIE
RONALDO
7
EIS
PRÄMIE

Am nächsten Morgen saß Pedro hundemüde auf der Bettkante und betrachtete das Mannschaftsfoto der Fußball-Haie, das über seinem Bett hing.

„Manchmal merkt man erst, was man hatte, wenn man es verloren hat!“ Das hatte sein Großvater aus Brasilien mal gesagt.

Irgendwas musste passieren!

In dem Moment steckte seine Mutter den Kopf durch den Türspalt und hielt ihm das Telefon entgegen. „Es ist Zachi. Er sagt, es sei sehr wichtig!“

Pedro nahm den Hörer. Er vermutete, dass es Zachi ebenso ergangen war und er nicht hatte schlafen können.

„Hallo, Pedro!“, meldete sich Zachi aufgeregt. „Ich hab die ganzsche Nacht Löcher in die Decke geschtarrt und überlegt. Wir müsschen unsch treffen. Wie wär'sch heute um 15 Uhr im *Dönerhimmel*? Dann entscheiden wir, wie esch weitergehen scholl. Also, wenn du mich fragscht, wenn Diego und Uhuru scho gierig auf die Schiegprämie schind, dann schollen schie beim Eischmann bleiben. Aber allein. Ohne unsch Haie! Ich finde Roscha schowiescho blöd!"

„Okay!", antwortete Pedro. „Gute Idee, Zachi. Heute, 15 Uhr. Wir sagen den anderen Bescheid. Dann bereden wir alles."

Pedro legte auf und dachte nach. Wohl war ihm nicht. Sollten sie sich wirklich von Diego und Uhuru trennen? Nicht nur, dass beide zu den besten Fußballern der Haie gehörten. Pedro wollte sie auch nicht als Freunde verlieren.

Immerhin erschienen alle, auch Bobby, zur Krisensitzung. Pünktlich. Sogar Uhuru. Ihre Besprechung war einfach zu wichtig.

Trotzdem wollte niemand so recht den Anfang machen. Schweigend saßen sie da. Mehmets Vater spendierte wie üblich eine Runde Apfelschorle. Gierig griffen die Jungs danach, tranken. Und dann schwiegen sie wieder.

Bis Pedro sich ein Herz fasste und sagte: „Ich finde, wir sollten keinen von uns aussortieren lassen!“

Sofort ging Uhuru dazwischen: „Was heißt denn aussortieren? Bloß, weil man mal eine Zeitlang Ersatzspieler ist?“

„Du glaubst doch selbst nicht, dass Max, Bobby oder Dimitri noch mal eine Chance bekommen, Stammspieler zu werden, wenn sie erst einmal draußen sind!“

„Wieso nicht?“, fragte Diego. „Zum Beispiel, wenn sich einer der Neuen verletzt?“

Pedro schüttelte den Kopf. „Du bist ein Träumer, Diego. Das Gegenteil wird passieren. Die drei Neuen sind nur der Anfang. Herr Heinrich wird sich nach weiteren Spielern umschauen. Dann werden wir alle ersetzt. Einer nach dem anderen!“

Zachi stimmte ihm zu. „Wer weisch? Vielleicht kauft Herr Heinrich morgen schogar Ulf ein oder einen anderen von den Knödeln?“

Alle starrten Zachi an. Selbst Diego wurde blass, und Uhuru gaffte ihn mit offenem Mund an. Daran hatte noch keiner gedacht. Aber es war durchaus möglich, was Zachi da ausgesprochen hatte. Schließlich hatte Herr Heinrich zwei von den Savignys rübergeholt, wieso nicht auch jemanden von den Knödeln?

„Leute, wisst ihr noch, weshalb wir uns überhaupt gegründet haben? Um uns gegen die Großen durchzusetzen und spielen zu dürfen!“, rief Pedro in die Runde, wobei er mit der Faust auf den Tisch knallte. „Und jetzt lassen wir zu, dass wir einer nach dem anderen aussortiert werden? Von den Großen ersetzt werden?“

„Niemalsch!“, rief Zachi.

Und auch die anderen stimmten ihm zu. Sogar

Uhuru und Diego mussten jetzt zugeben, dass Pedro völlig recht hatte.

„Wir Haie bleiben zusammen!“, forderte Pedro. „Und zwar alle! Wer ist dafür?“

Alle hoben die Hand.

„Einer für alle, alle für einen!“, rief Pedro stolz. Den Spruch hatte er aus einem Drei-Musketiere-Comic. Er kam bei den anderen super an.

„Einer für alle, alle für einen!“, entgegneten sie Pedro freudestrahlend.

Damit war es besiegelt. Die Fußball-Haie würden gegen die Savignys antreten. Ohne die drei Neuen. Und ohne Herrn Heinrich!

Die Savignys begrüßten die Haie nicht wie sonst mit erhobenen Köpfen, als ob sie den Sieg schon eingefahren hätten, sondern wirkten verunsichert.

Pedro wusste, weshalb. Sie hatten zwei ihrer besten Spieler verloren, die eigentlich jetzt bei den Haien mitspielen sollten. Das taten sie aber nicht. Stattdessen standen sie in normaler Alltagskleidung am Spielfeldrand und wussten derzeit nicht so genau, wo sie hingehörten.

Gleich nach der wichtigen Besprechung hatte Pedro Herrn Heinrich angerufen und die Zusammenarbeit gekündigt. Zuerst hatte Herr Heinrich das nicht akzeptiert und sich auf einen Vertrag berufen, den Diego unterschrieben haben sollte. Doch dann hatte Pedros Vater dem Herrn schnell klargemacht, dass Kinder gar keine Verträge unterzeichnen dürften und darum ohnehin kein Vertrag existierte. Aufgrund dessen hätten die Haie sogar ihre Trikots und die ganze

Ausstattung behalten dürfen. Aber niemand wollte das rosa Zeug länger bei sich haben. Und so hatten die Haie kurz vor dem Spiel alles zurückgegeben.

Vor dem Warmlaufen versammelten sich die Haie in einem Kreis.

„Habt ihr gesehen, wie verunsichert die sind?“, fragte Pedro in die Runde. „Das ist unsere Chance heute, Leute! Zeigen wir denen, wer die Haie sind. Auch ohne Neuzugänge!“

Pedros Rede zeigte Wirkung. Die Haie waren heiß und zeigten Einsatz.

Doch die Savignys hielten gut dagegen. Zwar führten die Haie in der Halbzeit durch ein Tor von Dimitri mit 1:0. Aber sie alle wussten, dass der Sieg noch lange nicht eingefahren war.

Die Halbzeitpause dauerte ungewöhnlich lange.

Nicht bei den Haien, die standen nach zehn Minuten bereit auf dem Spielfeld. Nur die

Savignys fehlten. Und waren auch nicht mehr zu sehen. Statt sich einfach in einer Ecke des Platzes zu versammeln, wie es üblich war, hatten sie sich hinter einem Gebüsch verkrümelt, hinter dem sie erst nach fünfzehn Minuten wieder hervorkamen. Und wie!

Nicht nur, dass Sven und Tonio, die beiden abtrünnigen Savignys, ebenso wie der Neuköllner Marek plötzlich bei ihnen mit aufliefen, sondern ...

„Ich glaub's nicht!“, stammelte Mehmet, als er die Savignys einlaufen sah. Auch die anderen staunten Bauklötze.

Die gesamte Mannschaft lief in rosafarbenen Trikots von *Lecker Eis* auf – den Trikots der Haie!

„Los, Leute!“, rief Sven. „Holen wir uns die vierzig Euro Siegprämie!“

„Vierzig?“, wiederholte Uhuru. „Wieso bekommen die zehn mehr?“

„Die bekommen gar nichts“, widersprach

Mehmet kampfeslustig. „Weil wir das Spiel gewinnen. Basta!"

Leider lag er damit falsch. Denn die drei – Sven, Tonio und Marek – erwiesen sich wirklich als herausragend gut. Die Haie hatten keine Chance. Erst recht nicht mit ihrem Trainingsrückstand.

Am Ende verloren sie 1:3.

Zufrieden stolzierte Herr Heinrich auf den Platz und gab jedem Savigny persönlich die Hand.

„Viel Spaß beim Glücksraddrehen und Eisverkaufen!", zischte Mehmet.

Erschöpft und frustriert schlichen die Fußball-Haie vom Spielfeld.

Bis auf Pedro. Natürlich ärgerte er sich auch über die Niederlage. Aber viel wichtiger war: Die ursprünglichen Fußball-Haie waren wieder da! Da kam es auf eine einzelne Niederlage gar nicht an.

Pedro wusste: Jetzt würden sie wieder

trainieren, den alten Mannschaftsgeist heraufbeschwören, und dann sollten sie doch kommen, die Knödel!

Pedro und die Haie waren bereit!

OUSMANE DEMBÉLÉ

Geburtstag: 15.05.1997

Geburtsort: Vernon, Frankreich

Größe: 1,78 m

Position: Außenstürmer

Verein: FC Barcelona

„Auf dem Weg zum Superstar!", „Top-Talent", „Weltfußballer der Zukunft!" So beschreiben Fachleute den Nachwuchsstar Ousmane Dembélé. Seine Freunde und Fans nennen ihn „Ous". Als Kind spielte er in Frankreich beim FC Evreux. Mit zwölf Jahren wechselte er zum FC Stade Rennes. Er spielte in allen Altersklassen der französischen

Jugendnationalmannschaften. Viele große Vereine umwarben ihn. Im Jahr 2016 entschied er sich für Borussia Dortmund und wurde mit Borussia deutscher Pokalsieger. 2017 wechselte er zu seinem Traumverein FC Barcelona.

Besondere Fähigkeiten:

- Dribbelkünstler
- keine Angst vor starken Gegnern
- pfeilschnelle Sprints

Größte Erfolge (mit 20 Jahren):

- Mehrere Einsätze in der A-Nationalmannschaft Frankreichs
- Deutscher Pokalsieger 2017 mit Borussia Dortmund
- Im Winter 2016/17 Europas bester Torjäger seiner Altersgruppe
- Bester Nachwuchsspieler Frankreichs

LESERÄTSEL

1. Wie heißt der Sponsor der Haie?

   E: Eis am Stil

   S: Lecker Eis

2. Welche Farben haben die neuen Trikots der Haie?

   P: Pink und Pastellviolett

   U: Rosa und Gelb

3. Wie heißt Zachi mit vollständigem Namen?

   I: Zacharias

   A: Zamir

4. Mit welchem Spielstand gewinnen die Haie gegen die Berliner Kids?

   B: 12:0

   E: 18:0

5. An welches Motto erinnert sich Pedro, wenn er sein Boateng-Plakat sieht?

   L: Niemals aufgeben!

   K: Denk positiv!

Lösungswort:

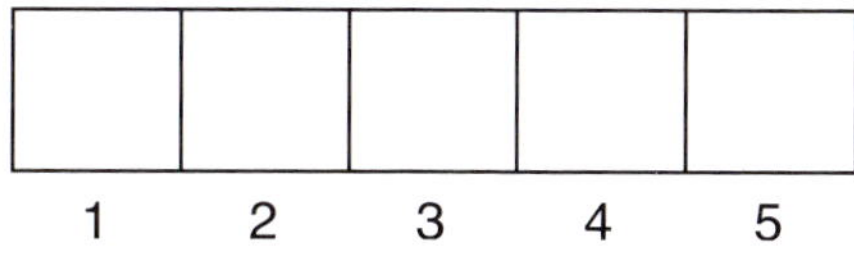

Hast du das Lösungswort gefunden? Dann schreibe es auf eine Postkarte und schicke sie an uns oder sende uns eine E-Mail. Unter allen Einsendern verlosen wir jeden Monat tolle Buchpakete!

S. Fischer Verlag
Fußball
Hedderichstraße 114
60596 Frankfurt am Main
superhelden@fischerverlage.de

WIE WÜRDEST DU ENTSCHEIDEN?

Hier sind zwei Fragen zum Nachdenken für dich!

1. Wie hättest du auf die Forderungen des Sponsors reagiert?

2. Wieso ist es den Haien so wichtig, auf den Sponsor zu verzichten?

ZEICHNE DEINEN LIEBLINGSSPIELER!

Trage den Namen und den Verein deines Lieblingsspielers ein und zeichne ihn auf die rechte Seite!

Trenne danach die Seite vorsichtig heraus. Jetzt kannst du sie sammeln und in dein persönliches Fußball-Album kleben, sie verschenken oder in deinem Zimmer aufhängen!

Name: ______________________________

Verein: ______________________________

Die Fußball-Hai

Fußball-Haie: Spieler gesucht!
ISBN 978-3-596-85633-6

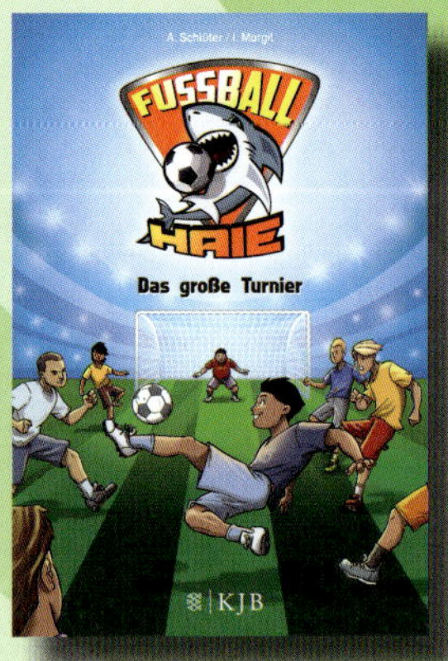

Fußball-Haie: Das große Turnier
ISBN 978-3-596-85634-3

Fußball-Haie: Ein Team startet dur
ISBN 978-3-596-85635-0

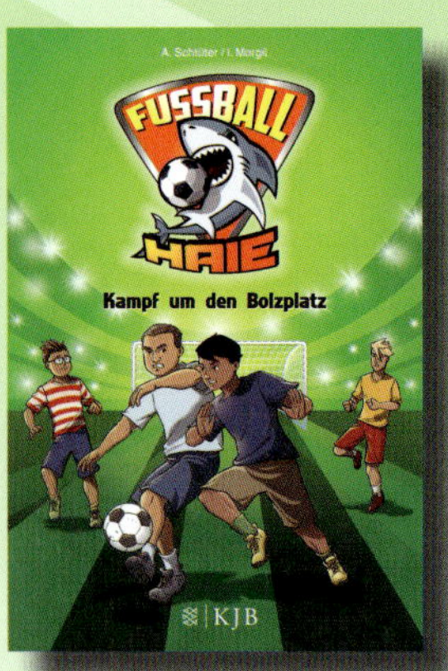

Fußball-Haie: Kampf um den Bolzplatz
ISBN 978-3-596-85636-7

Fußball-Haie: Spiel mit Biss
ISBN 978-3-7373-5199-7

Fußball-Haie: Duell im Fußballcam
ISBN 978-3-7373-5200-0

edes Buch ein Treffer!

Fußball-Haie: Torwart vermisst!
ISBN 978-3-7373-4029-8

Fußball-Haie: Böses Foulspiel
ISBN 978-3-7373-4030-4

Fußball-Haie: In der Abseitsfalle
ISBN 978-3-7373-4083-0

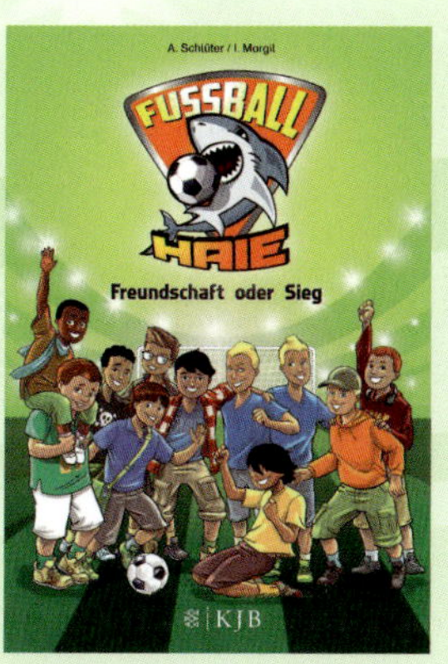

Fußball-Haie: Freundschaft oder Sieg
ISBN 978-3-7373-4084-7

TOR
W